# Dhamaanteen Asxaab Baynu Noqon Karnaa

# We Can All Be Friends

(Somali - English)



by Michelle Griffis
translated by Laura Gomez

Language Lizard
Basking Ridge

**Visit www.LanguageLizard.com/Harmony for additional teaching resources, activities, and English audio for this book.**

We Can All Be Friends (Somali - English)

Published by Language Lizard
Basking Ridge, NJ 07920
info@LanguageLizard.com

Visit us at www.LanguageLizard.com



First edition 2021

Library of Congress Control Number: 2021905968

ISBN: 978-1-63685-073-3 (Print)

Inkasta oo
uu midkeenba
gaar yahay,

Although
we are each
unique,

약

dhamaanteen waynu ciyaarnaa,

we all play,

dhamaanteen wax
baynu cunaa,

we all eat,

dhamaanteen
waynu dabaal degnaa,

we all celebrate,

dhamaanteen
waynu qosolnaa,

we all laugh,

dhamaanteen
waynu oynaa,

we all cry,

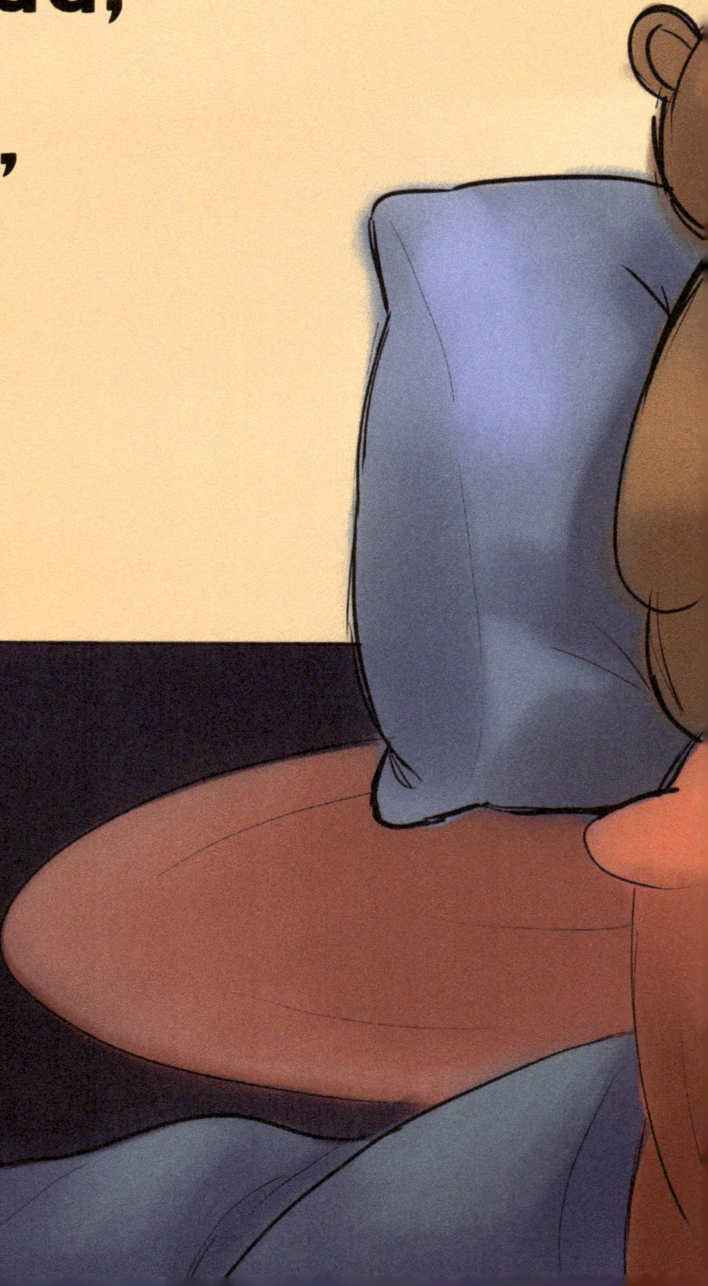

dhamaanteen musig
baynu samaynaa,

we all make music,

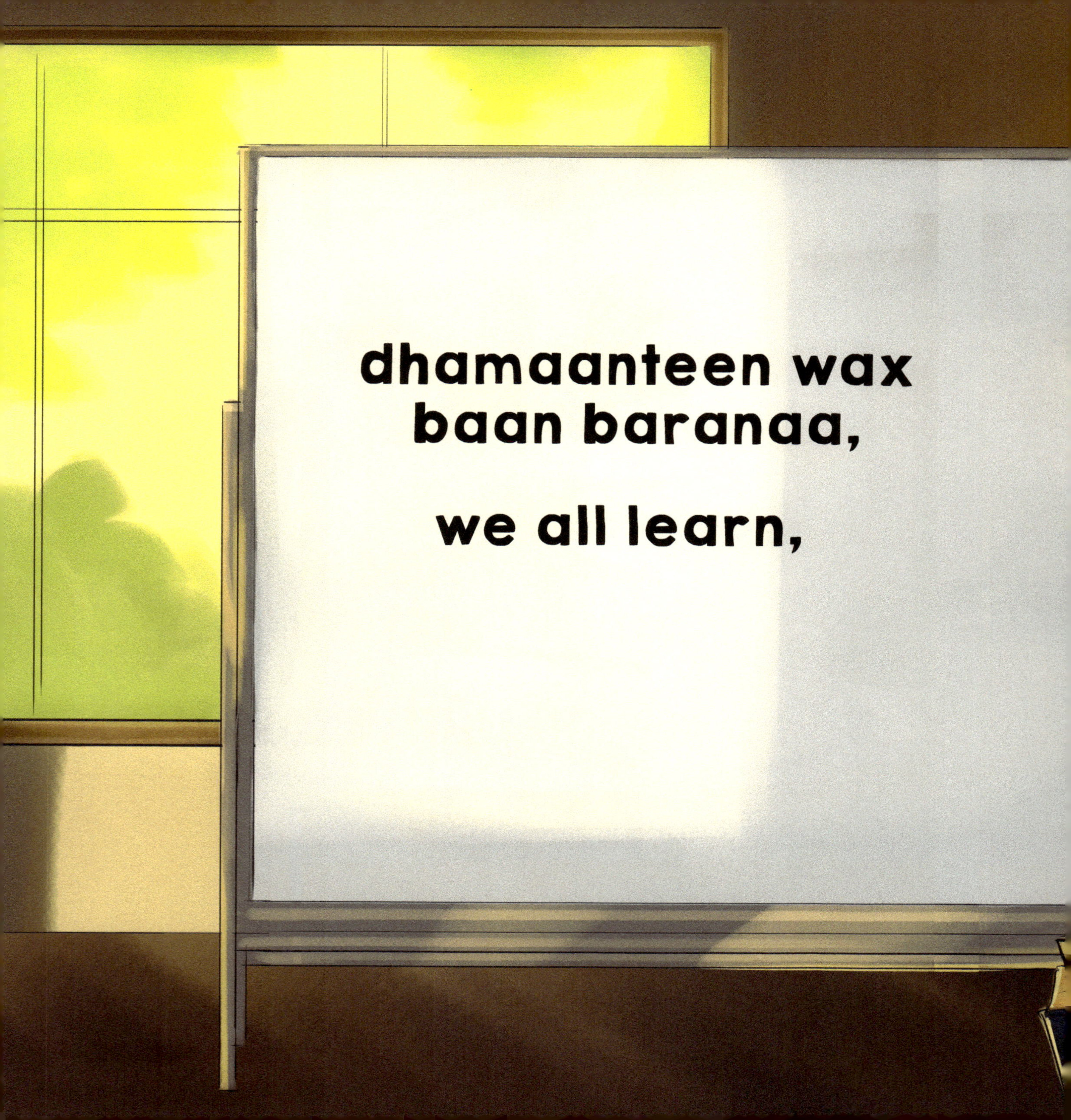

dhamaanteen wax baan baranaa,

we all learn,

dhamaanteen
waynu riyoonaa,

we all dream,

dhamaanteen waynu
hal-abuurnaa,

we all create,

dhamaanteena
waynu jeclaanaa.

and we all love.

Dhamaanteen asxaab baynu noqon karnaa.

We can all be friends.